Herzgesang

Adelheid Ursa Mildenberger

Herzgesang

Lyrische Augenblicke
im Jahreslauf

für Joanna Macy

mit Dank!

Adelheid

Eine Liebeserklärung an die Natur
und besonders an meine Baumfreunde

Bibliografische Information der Deutschen Nationalbibliothek:
Die Deutsche Nationalbibliothek verzeichnet diese Publikation in der
Deutschen Nationalbibliografie; detaillierte bibliografische Daten sind im
Internet über
< http://dnb.d-nb.de > abrufbar.

© 2008 Adelheid Ursa Mildenberger
Fotos: Adelheid Ursa Mildenberger
Satz, Umschlaggestaltung, Herstellung und Verlag:
Books on Demand GmbH, Norderstedt
ISBN: 978-3-8334-8943-3

Alles, was lebt, ist ihr Lied;
alles, was stirbt, ist ihr Lied.
Auch der Wind, der da weht, ist ein Erdlied –
und die Erde will alle ihre Lieder singen.

Lied der Wildrose, Sioux

★

Unsrer Erde Leben mitzufühlen,
tu ich alle Sinne festlich auf

Hermann Hesse, Reiselied

★

Nichts ist mir zu klein und ich lieb es trotzdem
und mal es auf Goldgrund und groß
und halte es hoch – und ich weiß nicht, wem
löst es die Seele los...

Rainer Maria Rilke
aus dem Stundenbuch

Meinem Sohn Felix

EINLADUNG

Worte wie Pinselstriche
Gedichte wie Bilder

Bilder wie Boote
Gedichte wie Schuhe

Wege zu Freunden
nach langer Zeit

GEH AUS MEIN HERZ

schön bist du
Mutter Erde
in deinem wechselnden Gewand
du küsst meine Sinne
dass sie ausfliegen und Honig träufeln
in die Waben meiner Seele

im Angesicht deiner Feinde
deckst du den Tisch
jedem
der Augen hat zu sehen ⟨ Ohren zu hören
über die Herzbrücke

CHACONNE

Partitur einer Landschaft
ein leichter Schnee gab seine
Glanzlichter
in die beiden Schöpfungsfarben
unendlich ruhig
wogt das Land

FRIESLAND

o weites Land
du schiebst den Himmel
nicht nach oben
du lässt es zu dass er
sich bei dir niederlegt
und träumt

und eure Kinder
kraulen ihn
die Bäume

WINTERLICH

drei Zweige einer Linde
spielen meinen Augen auf
im klaren Frosthimmel
zeichnet
eine weich geschwungene
Violine mit braunen
Cembalotropfen
ihre Melodie
des heutigen Tags

BEWUNDERUNG

heute trägt der Bach
ein abweisend metallisches Grau
eisverhüllt
sind die Halme am Ufer erstarrt
in Leder gehüllt meine Füße
lassen knirschen den Schnee
dankbar
bin ich auch den Schafen
und den Baumwollpflanzen
für den Schutz meines Körpers
bei zwanzig Kältegraden
doch barfuß
und immer im gleichen Kleid
zwitschert ein Federbällchen
lebhaft im weißen Geäst

LICHTMESS

im Wolkenmeer
drei kahle Baumkronen
gekrönt
von kleinen Vögeln
Frühling
für müde Augen

ich komme mit
Schneeglöckchen wenn du blühst
in dieser Zeit
da uns der Winter schon so lang beherrscht
du wartest nicht
bis dich der Schnee verschont
oder die großen Tulpen ihn vertreiben
du so klein
stehst auf als erste
denn die Zeit ist da
die Trotzmacht deines Grüns zu zeigen
und mit deiner weißen Flamme
fremden Mut zu stärken
sie loht höher dann und leuchtet weit
weckt auch den Huflattich am Weg
denn es ist höchste Zeit
ein neues Lied zu singen

MOBILE

das Wetter ändert seine Tonart
jeden Tag
schüttelt Eulenspiegel die Betten
und die Bäume lernen früh
es ist alles ganz anders
als gedacht
überlassen sich dem Wind
und dem inneren Auftrag
finden und erfinden
tausendundeine Lebendigkeit
im Gleichgewicht
mit dem großen Zusammenspiel

VERTRAUEN

eure Ruhe ihr Bäume
eure Ruhe

nicht davonlaufen können
vor dem Wetter
den Menschen dem Schmerz
nicht den Kopf in den Sand stecken
nicht das Glück woanders wähnen
nicht hadern hetzen jagen

standhalten
dableiben
da sein
wach und wehrlos
hier
jeder für sich
und gemeinsam
euer Möglichstes tun
und immer wieder
unter allen Umständen
das Versprechen einlösen
aufrecht und voller Hingabe
ich
bin
da
bis an der Welt Ende

WEITBLICK IM MÄRZ

Wolken und Ländereien geschichtet im Baum
pastellfarbene Fernen voller Verheißung
Himmel und Erde augenblicklang umarmt

bis die Frühlingssänger wieder
die grünende Wohnung beziehen
und die Welt im kleinen Nest
ganz naheliegend
das gefährdete Leben zwischen Himmel und Erde
erneuert

WEIDENKÄTZCHEN

die jungen Pelzchen
in ihrem strahlendsten Weiß
springen hoch in die Luft
das blaue Band zu finden
da die greisen Wolken
noch so schwer daherkommen

sobald sie ihm begegnet sind
werden sie erwachsen
bereiten den Bienen
das lang ersehnte
erste Frühstück
aus safrangelbem Hauch

WEIDENBAUM IM VORFRÜHLING

zwischen den alten Häusern
wo längst der Verputz bröckelt
außerhalb der schweren Sorgenvorhänge
blüht
unbekümmert
am kalten Märztag
ein Baumgebet
singt
leise und vielstrophig
mit den gelben Staubfädchen im kurzen Pelz
seinen Dank
seine ganze Lebensfreude
nach dem Winter

auch andere Knospen regen sich
mit den Vogelstimmen
seht wir leben
Gott wir können wieder tanzen
bald schenken wir der Welt
unsere Schönheit und Kraft
aus den grünen Fontänen deiner Brunnen

DER BAUM

"Das kleine Haus unter Bäumen am See.
Vom Dach steigt Rauch..."
(Brecht)

das kleine Haus an der Straße zur Stadt
davor ein Baum
fehlte er
wie trostlos dann wären
Haus Straße und Stadt

DENK MAL

ein Denkmal
Mahnmal
hat sich mächtig aufgepflanzt
auf zentralem Platz für großes Publikum

doch es ist schon tot
ehe seine Ewigkeit beginnen kann

ein einziger grüner Zweig
kündet
von Größerem

WEISSE OSTERN

die Vögel singen den Frühling
auch im Schnee
die Bäume künden von Auferstehung
noch in Zeiten der Weltvergiftung

wann wagst du Mensch
dich aus dem Gehäuse deiner Angst
weg von den Nordmauern
der Machthaberei und Gewalt

weihst draußen dein Tun
dem lebendigen Regenbogen
mit deinen Farbklängen
die Not zu wenden

STÄRKER

und sei es
über hässlichem Unrat am Bach
es summt wieder
in den Weiden

o Kindheit
Scherben versteckt im Wiesenschaumkraut
schöngiftige Äpfel zum Frühstück
dennoch ein Grund
für das strömende Wasser
dennoch steht der Baum
noch etwas gekrümmt
in Honigblüte

raschelnde Schritte
durch barockes Hasellaub
zum ersten Veilchen

in einer fremden Lichtung
dem Werk der Kettensägen

FRÜHJAHR

Wind und Grün und Blau
Lichttanz im Mäanderbach
Frühlingserdenduft

BUSCHWINDRÖSCHEN

Sonnensternchen im Vorjahreslaub
kostbare Kinder des Lichts
weil ihr ins Wintersterben
eingewilligt habt
seid ihr nun
neugeboren
vom Himmel gefallen

ZWERGIRIS

keineswegs nur braun
ist unsre Erde
über Nacht
hat ihr geheimnisvoller dunkler Leib
dies violette Blütenlicht heraufgeschickt
und das ist erst der Anfang

meine Augen meine Hände seid ihr frei
von altem Gram und Kram
um zu empfangen das Geschenk
des neuen Jahreslaufs
denn reich gesegnet bin ich doch
mit diesen Augen meines Herzens
das als Zwilling einst der Schönheit
kam zur Welt
und in den Farben nun
den neuen Tag begrüßt
und selber segnet Gras und Laub
und die aus der es sprießt

SANFTER FREISPRUCH

die gelben Tupfen sind Wirklichkeit
ja der Frühling ist wiedergekommen
vom Eis befreit sind Strom und Bäche
der Löwenzahn blüht
in echt

so wahr ich hier stehe
so wahr ich Fehler gemacht
und Leid zugefügt habe
im Winter
so wahr die Alten singen
die Bäume schlagen aus

die Vögel bekräftigen es
über aufbrechenden Eierschalen
eine Schnecke wagt sich aus dem Haus
der Löwenzahn färbt
meine Haut

KNOSPEN

grüne Perlen gezaubert
ausgestreut aus schattigen
Winkeln aus allen
Holzritzen im Flug der
Tänzer
und immer
auf Messers Schneide
aber
mit seinem langen Atem
der Schirm
wird immer wieder
jung

FRÜHLING

die Bäume spielen Braut
mit grünen Schleiern
keine Jahreszahl gilt
wenn ihre Jugend ans Licht drängt
aus dem väterlichen Holz

unermüdlich wie Kinder
blühen Ideen
nach welcher Musik

auf einmal stehen sie vor der Tür
helle Sträuße in allen Händen
zärtlich entschlossen

von Angst und Vorwurf frei
lächeln sie
tausendfach
dem Kommenden
entgegen

GEBORGEN

die blühenden Zweige über mir
schließen mich mit ein
du gehörst dazu sagen sie
bist unsere Schwester

wir freuen uns an deiner Freude
über unser Hiersein
da wir den Krieg der Sägen
für diesmal überlebt haben

lehn dich getrost an unseren Stamm
ruh dich aus und sammle neue Kraft
denn die Zeit wird kommen
da die Sonne sich verdunkelt
und du abgeschnitten scheinst
von den Strömen des Lebens

doch glaub uns auch dann
bleibst du in der Familie
aufgehoben
wie uns die Erde immer wieder
aufs Neue ins Leben rief
so wirst auch du
ganz sicher
wieder grünen

zum Wohl des Ganzen

BLÜHENDE BÄUME

Blütenschmuck
geboren aus düsterstem
Holz so streng
so lieblich nun

nicht Worte braucht der Baum
für sein Liebeslied

ÖFFNEN

im Flieder färbt sich und duftet
die Liebe
er sagt's dem Rotdorn der steckt
die Pfingstrosen an und Kastanien
lachendes Lauffeuer auch ich
will erröten
erwachen
die Fackel anzünden
mit euch

UMWEG

der längere Weg
am blühenden Baum vorbei
ich gehe ihn gern

REICHTUM

der Vogelruf in meinem Ohr
ist mein
das Farbenspiel in meinem Blick
ist mein
in Herzenstiefen Glück und Schmerz
sind mein
ganz mein die Fülle und der Grund
der ewig grünt
und wächst mit mir
da ich dies Werden
sanft umarme

GRÜNKRAFT

aus freier Seele
quillt es grün

unnachahmlich
die Vogelschwingen im Samenkorn

Menschenmacht unterliegt
der Gnade neuer Knospen

sinnlose Kreuzigungen
unsterblich duften die Linden

BUCHEN IM MAI

eine nach der anderen
entrollen sie ihre Fähnchen
winken alles Licht herbei und
werfen es mit vollen Händen
grün in den Wald
dankbar den geheimen Mooslandschaften
wo ihre Farbquellen entspringen

und der getupfte Himmel
öffnet das Füllhorn
der Grünklänge

JUNGE BUCHE

deine glattgraue Rinde
zwischen all den geschuppten
kühlt meine Wange
du
weist mich nicht ab
Ruhige
deine zarten Blätter
kaum entschlüpft
beherbergen das Licht
umspielen schmeichelnd die tristeren
Stämme im Pferch

so hebst du die Leier
in Schatten und Enge
erhebst dich
hoch hinauf
feinzweigig ertastend den Raum
bis endlich
den Himmel
du atmest

und deine heitere Stille
rundet den Klang
der rauschenden Wipfel
der Tannen

KLANGWELT

im lichten Dom des Frühlingswaldes
eine Kuppel aus Vogelstimmen
glockenhelle Singfarben ringsum
dass all die kleinen Schösslinge
sich recken und strecken
mit ihren grünen Flügeln

GRUNDTÖNE

wie gut
o wie gut kleiner Bach
dass du dich nicht beirren lässt
vom aufgeregten Dröhnen der
Straßenmotoren und dem allgegenwärtigen
Geschmacksverstärker Technosound

gelassen plätschernd gehst du deinen Weg
wie ehedem
schlängelst dich durch die Wiesen und kommst
und kommst und kommst mit einer Fülle
von Geschichten und Geheimnissen
im glitzernden Flüsterton

du weißt auch die Vögel halten durch
obwohl schon tausendmal überstimmt
denn ungebrochen ist die Kraft
des Grüns im Gras und Gebüsch

die Sumpfdotterblumen öffnen sich
der verlässlichen Sonne
antworten mit ihrer klaren gelben Stimme
ja wir sind hier
am gluckernden Wasser
du kannst auf uns zählen
auch wenn die Welt
voller Störsender ist

ERDEINSAMKEIT

welche Hand
liebkost deine Haut
deine lichtgeformten Täler und Hügel
deine Narben und Falten Urmutter
wer krault dein junges Fell
und fährt mit sanftem Finger
die schlängelnden Bäche nach
wer hält dir die Treue und spürt
dein Herz noch schlagen
deinen Atem gehen
im Fieber menschlicher Folter

ist der Wind dein Freund
der Regen der Schnee
die Sonne
der Tau
mein Fuß
mein Blick

die Hufe und Pfoten
trotz der Bagger

meinen Herzschlag schenk ich dir
so wie ihn heute
eine Birke spüren konnt
mein linker Arm umfasste ihren Stamm
und meine Brust schmiegt sich
so fest an ihn
dass meine Mitte kraftvoll federte

mein Herz schlug auf die weiße Trommelhaut
im Ursprungsrhythmus seinen Lebensgruß
ununterbrochen
Baum und Mensch
gemeinsam standhaft
dort im freien Feld

rot färbte sich das Firmament
ein langes Wolkenband
löste sich sacht in Wohlgefallen auf
während ein anderes mit gleichem Recht
heraufzog für die Nacht

die Krähen gaben ihren Ruf dazu
barfüßig krächzend Lob
wie ich der Birke
schlicht mein Herz

JUST BE

ein Stein ist nur ein Stein
ein Baum ist nur ein Baum
ein Vogel ist nur ein Vogel
ich bin nur ich
du bist nur du

nur du bist du
nur ich bin ich
nur ein Vogel ist ein Vogel
nur ein Baum ist ein Baum
nur ein Stein ist ein Stein

und die Erde braucht Steine
und Tannen und Birken
und Falken und Rotkehlchen
und Bären und Bienen
und Kröten und Fische
und Rosen und Gras
und dich
und mich

nicht mühsam-armselige Apfelfanten
oder Schlang-Utans
aus geschminktem Kunststoff

ein Kiesel ist ganz und gar ein Kiesel
und was für einer
eine Linde ist ganz und gar eine Linde
sie duftet jedes Jahr neu
die letzten Adler sind ganz und gar Adler
meine Katze ist ganz und gar eine Katze
und nur ein Löwenmäulchen
ist ganz und gar ein Löwenmäulchen

bin ich auch
ganz und gar ich
es gibt mich
nur einmal

und du
lass dich anschauen
Felsblock
Ringelnatter
Sonnenblume
Mensch
ganz und gar du
einzigartig

DER REDE WERT

der Rede wert
ist mir der kleine Spatz
im lauten Alltagsstaub der Stadt

wie auch das zarte Grün
das tapfer blüht
selbst neben Schienen

der Rede wert
das unscheinbare Heldentum
in dieser Welt zu überleben

Windschutzscheibenfleck
war ein kleines Flügeltier
zu Haus in der Luft
unterwegs zu seinem Ziel
mit demselben Verlangen

BEGEGNUNG

leichtfedrig ein Hüpf
und flugs auf den Baum geflogen
wippt nach und schaut mich an
mit einem wachen Auge
die kleine Amsel

ich bodenschwer darunter hin
beflügelten Blicks

LUFTPOST

singende Flügel
entwerfen und spannen die
Kuppel aus Azur

dass die Botschaft des Herzens
aufblühend ihr Ziel erreicht

GELBE ROSEN

was heißt schon gelb
wenn es so duftet
aus dem Venusbüschelchen
enthüllt von den
Lidern aus frischer Seide
zur Hochzeit des Lichts

was heißt da gelb
wenn mit dem Wind
leicht sich bewegen
die Schwestern
mit grünen Händen
und
inmitten der harten Normalität
die Wahrheit erzählen
am Zaun

gelb erst
in regloser Trauer
nach dem Schnitt

SCHLÄFT EIN LIED

eine Blüte
vom Licht erfüllt
leuchtet
seidenflügelzart
in die Welt
und trägt ein Geschenk
treu im Herzen
ihre Heilkraft ihr Lied

ein Mensch
von Liebe erfüllt
strahlt leise in die Welt
erleuchtet zu kostbaren Wesen
die er betrachtet
als stünde er staunend
am Schöpfungsmorgen
neben Gott

und hört
den feinen Grüngesang

ERFÜLLUNG / Erleuchtung / Satori ?

An eine kleine Waldpflanze

ich finde Gottes Spur
wenn ich durchs Augenglas der Liebe
dich betrachte
und dein Licht erkenne
in der Düsterwelt

dann fängt mein tiefster Wesenskern
zu singen an
bis in die Flügelspitzen
und ich bin wie ein Baum
der endlich blüht
und seinen Sinn erfühlt

denn dieses Sehen
dies Erkennen Lieben
das bin ich
in meiner schönsten Kraft
die du in mir berührst
und die uns beide
frei verbindet

nie schöner ist das Licht
und näher meinem Sinn
als wenn es wohnt in dir
und blüht in deinen Farben

dem unsichtbaren Strahl
verleihst du neu Gestalt
erschaffst als Lichtgeschöpf
selbst einen Teil der Welt

und kommt auch bald die Nacht
mit ihren tausend Schatten
dein leuchtendes Gesicht
behält stets Gültigkeit

im kahlen Dorngeäst
schwebt noch der Rose Bild
und in der Puppe schläft
ein neuer Schmetterling

WILLKOMMEN

gern lass ich euch ein
meine grünen Geschwister
durch meine Augentüren
in mein Herz
dort findet ihr
eine Äolsharfe
eigens für euch

und in der Nacht
fliegt eure Musik
weit hinaus
in unbekanntes Land
verwandelt sich manchmal
in Licht
in Wasser
in Brot

GEBEN UND NEHMEN

du riefst nach mir
mit einem Wunsch
ich kam
und war beschenkt im Tun

ich brauchte eine Hand
ein Ohr
du kamst
und wurdest reicher selbst

die Namen wechseln
Brücke bleibt
der Blüten
und des Bienenvolks

ERDMUTTERMILCH

nimm nur nimm
sagt der Kirschbaum
da seine Früchte sich gefärbt haben
nimm denn ich habe genug
für meine Kinder
für die Vögel
und für dich
und übers Jahr
wächst alles wieder nach

nimm nur nimm
sagen die Sonnenblumen
da ihre Köpfe schwer werden
wie volle Teller
nimm denn wir haben genug
für unsere Nachkommen
für die Vögel und Mäuse
und für dich
nimm es ist uns eine Freude

nimm nur nimm
sagt die frische Quelle
da sie aus der Erde sprudelt
nimm denn ich habe genug
für die Pflanzen
für die Tiere
und für dich
nimm das ist meine Bestimmung
mein Geschenk

in vollen Zügen
dankbar und erstaunt
vernimmt ein waches Menschenkind
dies Angebot
schwelgt und genießt und
schaut sich um wer seine Freude
mit ihm teilt
kriegt Lust sich anzuschließen
diesem Kreis
mit seinen eignen Gaben
wer braucht
gerade sein Talent
das ihm verliehen ist
für diese Welt
wofür
kann er aufblühen
lächelnd sagen
nimm nur nimm

FRÜCHTE DER SEHNSUCHT

wohl denen
die ihren Weg finden
weil sie die Wüste erfuhren
den Schmerz am eigenen Leib
und den Familiennamen der Erde
tragen
weitertragen mit Händen
und Liedern
heilsame Bilder des Glücks

AUFBRUCH II

insgeheim
ein blühendes Feld
im Innern der Druse

wenn das dunkle ~~Schloss~~ *Tor der Angst*
~~erlöst~~ *durchschritten* ist
geht ein Windhauch
über die Saiten
und plötzlich
Wolken von weißen Schmetterlingen
fliegen auf
aus dem Staub der Jahrhunderte
immer noch mehr und mehr
Sonnenschnee im Aufwind
geflügeltes Licht
wirbelt
ins Weite

SOMMER

lichtversilbertes Grün
der Baumwolken
feiert den Tag
der Mittag steht
sanft zitternd
in euch
breitet sich aus
von Horizont zu Horizont
und kehrt zurück
mit dem Duft des Sommers
der streichelt
der Blätter heiliges
volles Jetzt

SONNTÄGLICH

dies ist die Zeit
auf die der alte Gartenzaun
und das bescheidene Gemäuer
lange gewartet haben
um wieder Hand in Hand mit den
Holunderblüten
und dem reichen Rosenbusch
geschmückt zu stehn

die Luft um Haus und Felder
ist erfüllt von Grüßen
des Rittersporns und hoher
hochzeitlicher Gräser
an den Fingerhut
in knisterheißer Waldlichtung

derweil im Haus
durch grüne Fensterläden
gestreiftes Licht auf kühlem Stein
mit nackten Kinderfüßen spielt
und Sumseltöne hin und her
den Traum schläfriger Lider
sacht begleiten

Gewitter folgen
Eisentage
Sturm der alle trifft
jedoch
der Duft des sommerlichen Wohlgefühls
in jenen Streifen Licht
bleibt tief im Brunnen
unversehrt lebendig

SOMMERBÄUME

dieses selbstverständliche
grüne Blut der Landschaft
nach dem ungestümen Aufbruch des Frühlings
nun angekommen
in der eigenen Vision
und mit erwachsenen Blättern
tatkräftig
ruhend
in sich

atmend legen die Bäume
alle ihre Blätter in die Waagschale
ihre Früchte ihr Holz
wie die Amsel ihr Lied
der Weizen sein Korn und Stroh

denn Schöpfung geschieht
immer
auch durch mich

der Tonklumpen des Morgens
ist am Abend geformt
und gebrannt

was
hilft er bauen
sät mein Wort

wenn die Erde betet
bebt und stöhnt im
chemotechnischen Bauernkrieg
das ist mein Leib
ihr trinkt alle daraus

und die Vögel
unter den Düsenjägern im Stoßgebet
stürzen in den berstenden
Chor der Urwaldbäume

Gib uns Frieden

wer
erhört sie

FRAGE

wer – wenn nicht ich
wo – wenn nicht hier
wann – wenn nicht jetzt
was – wenn nicht Liebe

wer singt das Hohelied des Morgentaus
der jedes Blatt im Kuss erglänzen lässt

wer spricht vom Glück den Mohn zu sehn
rubinrot zart und windbewegt

wer rühmt der Hummel feinen Pelz
ermisst die Kraft des Flügelschlags

wer lauscht dem klaren hellen Sang
der Amsel auf dem höchsten First

wer fragt den Baum wie es ihm geht
in seinen Wurzeln seinem Stamm

an diesem Tag der heute uns geschenkt
wer fühlt sich ein wo die Natur pulsiert

AUTOBAHN

eine Grabsteinplatte
20 m breit
mit schönen weißen
Längsstreifen
bis zum Horizont

hier ruht
unsanft
ersticktes Leben
mir doch egal
gib mal die Zigaretten rüber

Baumerinnerung
dem Erdboden gleich
wie ein Ei dem
Stahlhelm
ein verirrtes Samenkorn
zerschellt rutscht ab vom
abgegriffenen Planeten
den Rädern untertan

Rasen

der Goldene Schnitt ist Silber
die Stahlklinge Gold das
wäscht die Gehirne
mit der Exekution der
Veilchen
Umschulung der Augen
auf Plastikgrün Fortschritt
ins Vergessen

auf versklavtem Bodenbelag
als wär's ein Stück
vom laufenden Meter
nichtssagende Sommerbürste
erdreistet sich Wasser
zu beanspruchen und sogar
die tägliche Rasur
zu überleben

AB DIE BÜSCHE

die Bevölkerung hat
anzutreten in Reih und Glied
wenn die Nagelschneidmaschine
alle winkenden Arme
zerfetzt

Schmalschnitt
Gleichschritt
Platz da
blind

PAPPELTOD

unsere lebendigen Kirchtürme
sind planmäßig
einem Massaker zum Opfer gefallen
eilig beziffertes Holz
seiner Würde beraubt
liegt stumm im zerschmetterten Laub

asphaltfarbene Trauer
irrt heimatlos umher
wo wächst
in vielen langen Jahren
ein Ausgleich für den Lebenskreis

KLAGE
ÜBER DEN TOD EINER SCHWARZPAPPEL

die Gebeine einer Königin
ausgebreitet im Sturz
an der Stelle des Mordes
ehrlos der Gleichgültigkeit ausgesetzt
belanglos für Archäologen die mit dem
Wiederaufbau einer römischen Mauer
beauftragt sind zur Steigerung des
öffentlichen Ansehens der Stadt

Herrenwahn

Heilige voller Laub
achtlos gerodet

Mitgeschöpfe voller Zartgefühl
täglich im ~~KZ~~ gefoltert
Labor

Lebenspartner voller Kraft
sportlich in den Staub geschossen

zerrissen
das Gewebe des Schöpfungskreises

im Rücken der Geschichtsschreiber
im Denken der Lehrbücher

während alle schönen Urlaubshimmel
sich wölben über unserer Stadt
schwappt auch die Ölpest
vom Atlantik bis an unsere Tür

und bei angenehmen Plaudereien liegt
das Endprodukt elender Sklavenleben
schließlich verstummt
auf den Tellern

die Luft wird dünn
über den wachsenden Wüsten
aber die Wirtschaft triumphiert
noch

ALPTRAUM I

für die Herren Angeklagten
lebenslänglich ein Stehplatz
im Schuhschachtelformat
in der Hühnerfarm

nach Erhalt der Nummern
sind Licht und Namen zu löschen
Hormonbeigaben zur Essensration
gewährleisten die tägliche
Abgabe des Samens zwecks
Herstellung gewinnträchtigen
Tierfutters

wenn ich ein Hühnchen wär
und auch zwei Flügel hätt
und Bilder von Wiesen und Würmern und Wind
in jeder Zelle jedem Flügelzucken

ich aber zur trostlosen
Eierabgabe am Fließband
verdammt wär

ich träumte von Massenmenschhaltung
in rechtloser Gefangenschaft
lebenslang zusammengequetscht
mit den verzweifelten Artgenossen
barfuß und wund auf verschissenen Gittern
namenlos im Dunkel der
Schreie und Krämpfe
leibeigen
unter dem ehernen Gesetz der
Profitmaximierung

TATSACHEN

Wahn-Sinn überall
stärker aber das Leben
leibt und liebt ewig

WENDEZEIT

sechs Millionen Juden
sechzig Millionen Ureinwohner
sechshundert Millionen Bäume
und Tiere

Atlantis
jeder einzelne

und nun

sind wir die
auf die wir gewartet haben

Säleute
für eine bessere Welt

KLEINES GEBET

dank dir
sind wir
dank dir
können wir

dank dir
können wir
auch anders
als bisher

HEILEN

die Taube mit dem Friedenszeichen
nach der großen Flut

wir selbst
werden es ihr nun gleichtun
werden einander die Lider berühren
mit unseren Schwingen
dass der Blick sich klärt
und die Herzen sich weiten
befreit von der wuchernden Kriegssaat

finde die Grün verheißende Flamme
in dir
und bringe sie mit
ins Boot der Verängstigten und der Pioniere
bringe dein göttliches Wesen mit
Seelenvogel
nach der Flut deiner Tränen

ZUKUNFT

Kolumbina geh nicht länger
in die Gegenrichtung
der Weg gen Abend führt dich
nicht ins gelobte Land
aber trotzig bietest du deine Stirn
dem Wind der doch
dein Freund sein will
dein Rückenwind
dein Haar in seinen Händen
damit du den Blick
nach dem Morgen lenkst
wie schon lange dein Herz

setz deine Segel und
schau wie die Weidenzweige
willig
all ihre Zärtlichkeit dem
Sonnenaufgang entgegenbiegen
im jungfräulichen Fell
die Morgenröte im Sinn
trotz der gellenden Schreie aus
frisch geschlagenen Wunden
überall
wiegende Zweige in unverhohlener
Sehnsucht wandern
zum ersten Silberstreif
in den neuen Tag

GUT FREUND

brauchst keine Angst zu haben
kleines Tier
die weiße Fahne trägt mein Herz
dich nur zu sehen
ist mir eine Freude

HALTUNG

mich bücken
nach einer Feder
mich bücken
nach einer leeren Bierdose im Wald

mich zuwenden
einem dreiblättrigen Kleeblatt
mich abwenden
von der Glückssuche in Scheinen

mich verneigen
vor einem großen Baum
mich nicht beugen
großspuriger Lieblosigkeit

aufstehen
für die Rechtlosen
meine Stimme erheben
für die grünen Ältesten

KÖNIGSKERZE

ganz entschieden himmelwärts
hat sie sich aufgerichtet
für ihr Blühen
freundlich
lebensfroh und schön
bis für die Tannennachbarin
der Tag des Sterbens kommt
krachend stürzt der Baum
zu Boden
reißt mit einem Arm
die Königskerze nieder
löscht die Flamme
dennoch nicht

erneut
beim vierten Sonnenlauf
streckt sie nach oben
klaglos
die verbliebne Spitze
brennt
und blüht
trotz alledem
denn reifen wollen noch
die kleinen Samen
dann erst
hat sie ihren Auftrag
ganz erfüllt
und kann getrost
sich neigen

AUFTRAG

irdische Sonnenspuren
samt ihren Schattenwürfen
übersetzen

glühende Arbeit
in Hülle und Fülle

echte Lebendigkeit
in allen Schattierungen
verstehen lernen

und weder Raum noch Regung
für Gewalt

SONNENBLUMEN

denn da sind Lichtarbeiter schon am Werk
die will ich unterstützen
Leuchttürme braucht's
und Seelentrost
vertrauensstarkes Blühen

einzelne Strahlen
schließen sich zum Kreis
entwickeln Reigenkraft
die Töchter der Sonne
erklären den Frieden
runden Äonen
offenen Gesichts

FRIEDENSBAUM

einen kenn ich
der steht da wie ein Bündel aus Vielen
mehrfach gekerbt und verknotet der Stamm
als hätte er seine
Widersprüche schließlich geeint
denn die Krone ist rund
eine Welt aus entlegenen Ästen
und die Wurzeln
die Wurzeln entspringen alle
der einen Erde

WEISHEIT

die große Linde
ist zur Philosophin geworden
Erfahrungsschätze ohne Zahl
fein verästelt und verzweigt
aus über hundertjähriger Geduld
knospen und reifen
noch weiter

LEBENSBUND

Bäume wärt ihr Menschen
ihr trügt alle einen goldenen Ring

euer Jawort im herbstroten Blatt
und den neuen Knospen
eure grüne Treue
in guten wie in bösen Tagen
die Früchte eurer Geduld
und Standhaftigkeit

niemals widerrufene Einwilligung
in der Mitte des kosmischen Kreuzes

VON BÄUMEN REDEN

„Was sind das für Zeiten, in denen ein Gespräch
über Bäume fast ein Verbrechen ist, weil es
ein Schweigen über so viele Untaten einschließt."
(Brecht)

von Bäumen reden
aufrichten der Gedanken
am lebendigen Vorbild

überwinden die tägliche Gewalt
die Untaten wider das Leben
in Baum und Tier und Mensch

reden mit einem Baum
Freundschaft und Weisheit finden
mitten im Chaos

HOMO OECOLOGICUS

Baum ich komme zu dir
heute nicht um deinetwillen
heute klage ich dir mein Leid

Baum meine Seele ist doch
eine von euch
doch du sagst mir
sei Mensch

ecce homo
ecce mundus

Homo sapiens im Netz seiner Hirngespinste
Homo faber im Takt der Maschinen
Homo militaris mit Waffengewalt
Homo victor im Größenwahn

fühl sagst du in deiner großen Ruhe
der Kosmos ist in dir
und du ein Teil und Gast darin
mit deiner Kunst
und der Verantwortung

öffne
weite dein Herz
und kehr zurück in den Kreis
als Künstlerin Träumer und Realistin
als Erdpfleger und Seelenheilerin
als Pflanzenflüsterer und Tierverständige
als Sinnentdecker und Gemeinschaftsstütze

vertrau deinem ursprünglichen Selbst
und der Kostbarkeit des allgegenwärtigen Wunders

HASTUNICHGESEHN

am Waldrand der Baum
winkt leise herüber
seine Rinde verbirgt viele Ohren
für unseren Kummer
stärkt Hände und Rückgrat
mit neuer Kraft
und seine Zweige erzählen
Geschichten so viele du willst

wennwiresnurnichtsoeilighätten

WALD

wo zwei oder drei versammelt sind
ungezählte in deinem Namen
da strömt deine Kraft
und ich geselle mich zu ihnen
durch gastliche Türen
finde die alten Bücher aufgeschlagen
Buchmalereien von geduldiger Hand
der Wind blättert
in Gleichnissen Lebensgeschichten
Krankheitsbildern
ringsum eine heilige Schrift
die zu entziffern
zu erfühlen
ich immer wiederkomme

zwei elterliche Buchenstämme
dicht beieinander stehend
halten in ihren Wurzelarmen
eine Mulde Regenwasser
bereit
für den Durst eines Rehs
für ein Vogelbad
für deine trosthungrigen Augen
ein Lichtgruß des Himmels
am Waldboden

VERDÜSTERT

im düsteren Fichtenwald
Stämme so dicht dass alles
Grüne ausgewandert ist

da im leblosen Schattenreich
berührt jemand mein Gesicht
strahlend und ohne Umschweife

die Abendsonne
mich zu erinnern
ans unverlierbare Licht

GLEICHNIS

ich kann dir nicht davonfahren
Sonne in meinem Rücken
du reichst bis
zu den nördlichen Meeren
und vor mir
steigt auf überm Graublau
die runde Scheibe des Mondes
weiß von deinem Licht
das rot verglüht
in den Zweigen

MONDNACHT

Baum schnurrt leis im Wind
die Felder liegen träumend
rings im Silberglanz

MORGENGABE

bei Sonnenaufgang
diamantnes Taugeschmeid
auf allen Gräsern

FRAUENMANTEL

Tränen der Nacht
aufgehoben im Frauenmantel
Perle für Perle
glänzt am Saum
erwartet im weiten Kelch
ihre Verwandlung

ein liebender Frauenmantel
dein Herz
dein Ohr
deine Hand
bis die Tränen sich wandeln
im Licht

immer überraschend
öffnet sich eine Tür
zum Großen Geheimnis
gerade so lang wie das wandernde Licht
den Buchenzweig vor meinen Augen
durchglüht
in seinen Linien und Jugendhärchen
und den Fraßspuren kleiner Tiere
für eine Weile Gestalt annimmt
dass die Blätter leuchten
als trügen sie
die Seele des ganzen Baums
in treuen Händen

immer bereit
die Sonne zu empfangen
wie auch den Leben spendenden Regen
und die Lärm stillende Nacht
stehst du Baum
beharrlich im Wald
alles scheint dir willkommen
denn vollkommen
eingebettet in den Lebenskreis
bist du
mit deinen Geschwistern
im atmenden Raum
ohne Ende

UNBESCHREIBLICH

so kurz gewandert
schon erfüllt von Glück
lass hören Großmutter
was hast du erlebt
und mitgebracht

zähle die Tropfen im Meer
und lies die Mohnsamen aus dem Sand
befiehlt das Märchen
willst du dass die trockenen
Blumen aus meinem Gesangbuch
dir in den Schoß fallen

mein Weg war kurz
mein Weg war lang mein Kind
du wirst den deinen gehen
doch nimm kein Schmetterlingsnetz mit
begegne allem was ist
bis deine Liebe erstarkt
und die Schönheit
zu klingen beginnt
in dir

FRIEDENSANGEBOT

auch wenn ich wandere
denselben alten Weg
kommst du doch neu
mir entgegen
in diesem heutigen Licht
der frisch gewaschenen Bläue des Himmels
dem lebhaften Wind in Zweigen und Haar

unbändige Freude blitzt auf
im frischen Wasser
die Fesseln der Vorzeit lösen sich
der Teufelskreismagnet erlischt
frei ist der Tag und neu
kann ich beginnen
auf den Weiden deiner Güte

SPUR

spinnfadenfein ist der Pfad
zwischen
unter
trotz
Sachzwängen und Alltagshorizonten
Herrschaftssystemen und anderen Irrtümern
spinnfadenfein und dennoch
unzerreißbar
freudestrahlend subversiv
der Weg von meiner Mitte
ins Zentrum der Welt
der wirklichen
der ursprünglichen
der eigentlichen

verschüttet
wieder freizulegen
verloren
wieder zu finden
vergessen
wieder zu entdecken

in eines Vogels Ruf
und dem Duft einer Blüte
im Blätterspiel eines Baums im Wind
und dem Licht der Stunde
in einem frischen Pfotenabdruck
und der Unermüdlichkeit des Grases
im Sämling auf morschem Holz
und jeder staunenden Begegnung
mit dem Sein

duzt die Hand den Fuß
sprechen sie eine Sprache
wie die Lippen das gemeinsame Wort
wie Vogel und Baum
und Wurzel und Pilz

oder sind sie sich fremd
wie Niere und Nase
Lerche und Wal
die Schluchten der Angst
und der Weinberg der Liebe

der unendliche Leib des Gestirns
im Gefäß unserer Sinne
eingezwängt in Namen und Ziffern
ins machtgerechte Menschenformat
mit dem Schlagbaum zwischen Kopf und Herz
zwischen Gestalt und Gestalt

doch hinter hermetischen Türen schmerzt
die Sehnsucht nach Berührung
nach dem pulsierenden Band aus innerem Licht
der heimatlichen Wärme
aller fühlenden Wesen

drum lehre mich Baum
lehrt uns ihr Tiere in Meer und Wind
da wir zurückkehren
endlich
von Mars und Mond
in die gemeinsamen
Gärten der Erde

ZUHAUSE

in Augenhöhe
mit den Wiesenblumen
geborgen im Rauschen der Bäume
willkommen im grünen Raum
wo die Zeit sich rundet

ARKADIEN

in den Armen [Herbst-]
einer milden Septemberwiese
staunend küsste der Tau
unsere schmiegsame Haut
unterm Ölbaum so jung

und die Sonne fand
ihre Klangräume in uns
da wir uns frei überließen
dem heilenden Lied
aller Zeit

YIN

dein Segen
nimmt Gestalt an
unter den Bäumen
bei den Äpfeln im Gras
im Mondlicht

gebettet in Grillengezirp
löst sich zu den Äpfeln
ein neues Geschöpf
aus meinem Blut
Ton einer Saite

Pappelimpression

es blättelt im Blau
auf grüngelben Glanzflügeln
spielt selig das Licht

SPÄTSOMMER

in voller Blüte
ein alter Bauerngarten
unterm Vogelzug

APFELERNTE

die Wiese ist rot
von deinem Geschenk mein Freund
wie dank ich es dir

WEITGEREIST

hörst du die Bäume
nun erzählt der Wind
den Landkindern
wieder vom Meer

STURMWIEGE

schlaflos
der Vollmondsturm fegt
durch struppige Gedanken

ich liebe sein Temperament
im Gelock der Erde
der kräftige Händedruck
kennt in der Tastatur
den Panther
wie die Möwenfeder

spiel Orgel
mach meine Wiege
rund

Stroh zu Gold
fordert der Herrscher

Stroh zu Gold
kostet das Kind

Stroh ist Gold
im Sonnenlicht

Stroh ist Gold
es trug das Brot

RÜCKKEHR

meine Linde wächst
ins unermessliche Blau
des Herbstes
längst hat sie das Haus
unter sich gelassen
und beginnt zu
leuchten

grüngoldenes Schweigen
der Sonne näher
breitet die Arme
sommerreich
zum Dank

der überwölkte Wald
schafft geräumigen Dämmer
unter den Fichten
gedämpftes Braungrün harrt am Boden
doch schwebend darüber
welch ein Licht

Goldgeriesel
lächelnd und schwerelos
steht es in den Räumen
geheimnisvoll schimmern
breit gefächerte Trauben
leichte Schirme und Dächer
Kupferziegelchen Bernsteintropfen

die Sonne ließ im Gehen
ihre Kinder zurück
des Sommers ganze Fülle
reift meinen Augen in den Blättern
zum Geschenk an die Erde
die dunkel wartend
den Sonnenstaub
vielfältig empfängt

voll des gelebten Lebens
oben im Wind
wenden sie sich
willig
ihrer Verwandlung zu
grüßen noch
die winzigen neuen Knospen
und fallen
lautlos

auflöst sich die Schwere
unmerklich hebt der Baum
seine Zweige in den Himmel
um dort
seine Wurzeln wiederzufinden

gesucht und nicht gefunden
die jüngst geschenkte Herrlichkeit
im Gold der Buchen
leuchtend an grauen Herbsttagen
wie erst in sonntäglicher Sonne

Licht sprenkelt den ganzen Wald
augenfällig erhebt sich heute
das struppige Fußvolk
doch wo brennen
die heiligen Feuer meiner Buchen

zurückgezogen in Unscheinbarkeit
überlassen sie anderen den Vortritt
die Königswürde schweigt
für die geringsten ihrer Brüder

überraschend wiedergefunden
das Geheimnis
das sich jedem Zugriff entzieht
und doch vor Augen liegt

GEDULD

wenn die Zeit reif ist
geschieht die Geburt einer Kastanie
aus der stachligen Geborgenheit

einfach und vollkommen
die ursprüngliche Frische noch
schimmernd glatt

Wegbeginn ohne Zweifel und Zwang
rein vertrauend
wenn die Zeit reif ist

und fern am Horizont der Nacht
wächst insgeheim
der Wunsch zu blühen

QUELLE

Farblaub
inmitten von Straßenblech und Beton
eingekeilt in den Alltag
ein Friedensbote

auch der Wind
einer Kastanienhülle entschlüpft
flüstert an mein Ohr
grüßt mich
vom Schöpfer

später meine Antwort
geht hinaus über den Zaun
füllt wieder ein Bachbett
in der trockenen Erde

FÜLLE

da löst sich
Blatt um Blatt
und geht den Weg
des Kirschblütenschnees
und wilder Beeren

und Töne perlen
aus unsichtbaren Himmeln
in den Lichtkreis der Harfe
leuchten auf unzählig
und verklingen

nicht verarmt der Stamm
nicht versiegt die sprudelnde Stille
mit jeder Geburt
eines herbstfarbenen Liedes
pulsiert
das große Herz

BIRKE IM HERBST

Blattgold
gleitet von den Schultern

das schweigsame Grau
wird lange herrschen

inständig lehrt es
die Farben

NEBEL

Nebel überm See
Flügel verzögert den Schlag
taucht ein wird Wolke

AUF DEM HEIMWEG

nun ist der Wald nur noch
ein Streifen am Horizont
herbstlich gesprenkelte
Spitzenkontur

doch ich weiß
da liegen gelbe Espenblätter
voll taufrischer Perlen
auf einem kleinen Grab
jeder Lichtpunkt die Sonne
jeder Tropfen das Meer

Welten im Wald
und Schicksale zuhauf
verborgen im Schweigen
das mich umfing

die Tage branden
ins Gebälk der Bäume
ledergeflügelt schräg herab
vergilbte Briefe körbeweise
kaum entziffert blinken auf
voller Gewissheit
und ergeben sich dem Dunkel
für die kommenden Generationen

Farben aus sämtlichen Tuben
tischt er noch einmal voll auf
zum großen Abschiedsmahl
bei Windmusik und Blättertanz

bis er im schwindenden Licht
den Pinsel aus der Hand legt
und weiterschreibt
in dunkler Schnörkelschrift

PFAFFENHÜTCHEN

die kleine Schwester
zwischen Weidenbusch und Erle
trägt des Dompfaffs Brustgefieder
singend spät im Jahr noch
ihr willkommnes Lied

die Schlehen brummen leise mit
bis auch der Wind verweilt
dem Farbenkind zu Ehren

INNERE EINKEHR

bald wirst du das goldene Windspiel
entbehren müssen
das feine Geläut
wird verflogen sein
verschlossen die Fenster des Baums

dann lass auch uns
eintauchen in die große Ruhe
und geduldig
im wohltuenden Dunkel
die verborgenen Brunnen aufsuchen
und läutern das Blut

bis in der längsten Nacht
in schweigender Runde
die Bilder reifen
und Geschichten aufsteigen
rotwangig und echt
dass wir sie teilen
und winden zum Kranz

MUT

für die letzten Sonnentage
hüllt sich der Baum in seinen
feuerfarbenen Umhang
bevor er den Sprung in die Kälte wagt

dann jedoch
begegnet er seinem Herausforderer
als Ureinwohner dieses Landes
schutzlos nackt
in seiner ehrlichen Haut
denn er weiß
es gibt keinen Schutz von außen
es gibt nur die innere
innerste Lebensflamme
das geheime Licht aus unerschöpfter Quelle
das stärker wird
mit jedem Winter

UNWEIGERLICH HERBST

plötzlich
an einem Morgen
so viel Himmel im Baum
so viel Licht

und unter meinen Füßen
ein neuer Teppich
noch mit dem Preisschildchen
des ersten Reifs

DER TOD UND DIE MÄDCHEN

die Pappeln strecken sich
nach den letzten Blättern
Eleven im Spitzentanz
bei Schuberts Musik

gelassen wächst der Frost
seinen Früchten entgegen
pflückt
den Winterpelz für die Erde

DIE BLÄTTER FALLEN

die Blätter fallen
mir ins Auge
Herbergen des Lichts
und Sinnbilder
ewigen Lebens

sie fallen leise
wenn im Reigen du
den nächsten Schritt
zur Kreisumdrehung machst
und dann dein Nachbar
nachrückt

doch mit blecherner Stimme
spulen die Puppen blind
ihre Wörterbuchblätter
aus dem Rückenmark
Abfall
heißt ihre Krücke
und sie merken nicht
wem sie verfallen sind
wie sie selbst
hoffnungslos
verfallen

die Boten der Bäume
fallen uns zu
um sanftmütig
die Erde nährend
auch unsere Krankheit
zu Fall zu bringen

ZWEIERLEI TRÜB

natürlich und sinnvoll
der schwarzbraune Moder absterbender Pflanzen
der Wurzelröte gebiert
und neues Leben verheißt
aus dem Dunkel

monströs und aufgeblasen
die herbstzeitlos ausgeleuchtete Rechtwinkelwelt
autodynamische Abstraktionen
zielsicher grinsend
verständnisloser Verstand

lebensgefährlich
deine Hand zu verlieren meine Seele
dein Singen und Weinen im Geschrei der
pausenlosen Antreiber auf der großen Einbahnstraße
und nicht mehr zu staunen
über die schwebenden Brücken von Geschöpf zu Geschöpf
und die Klopfzeichen
in der Dämmerung

sammelt das Licht
noch ist es hell
taucht den Finger ins Gold
der Sonne
malt ihr Zeichen
euch ins Herz
denn die Nacht bricht an
schlaflos und kalt

füllt eure Scheunen
mit Schönheit
bewahrt die Lieder
und übt
Geduld
denn lange
muss die Fackel brennen
auf unbekanntem Pfad

tragt glitzerndes Wasser
und eine Blüte des Regenbogens
vorsichtig
dass die Kinderaugen nicht erlöschen
durch das Dunkel
in den fernen Morgen
der braucht
unseren gemeinsamen Herzgesang

(festen Glauben)

SPÄTHERBST

tröstliches Gelb
widersteht noch
dem Zugriff grauschwerer Wolken
als hätte die Sonne im Gehen
einen Gruß hinterlassen
Baumsträuße
hingetupft in leuchtenden Farben

doch der Glanz erlischt
dunkle Augen ruhen auf mir
prüfen ob ich dennoch glaube
wenn das Geheimnis seine Gestalt
wandelt
der Wind eisig
die Kohlezeichnung erstarren lässt
wenn nach den Hymnen
die Stimmen hart werden
schließlich schweigen
meine Wortmünzen zwischen den Zähnen
ob dann meine Liebe
den Dunkelheiten
standhält

Bach wie bist du plötzlich
groß geworden
übernimmst du jetzt
den Redestab

gestern gab der ~~tote~~ alte Apfelbaum
der frühen Schneelast nach
Eichhörnchen finden Stamm und Äste
nun am Boden
und der Bussard wird sich andere
Ausschauplätze suchen müssen
nur das Kupferlicht des letzten Buchenlaubs
betupft jetzt noch die grau und dunkle Welt

du aber Bach
vom vielen Regen der den Schnee
dir zuschob
um das Gift der Felder zu verdünnen
du wirst stark
und deine Kraft wird sichtbar
hörbar nah

ich grüße dich
und lausche

erzähl die alten Sagen
im Sturm und Regenrausch
bezeuge ewige Wahrheit
mit deinem neuen Ton

NOVEMBERBÄUME

überraschende Schwärze
der Goldgewänder entkleidet
greift aus
unumwunden
stehen die Springbrunnen
nun still

karger Beginn einer
Schwangerschaft
im hundertjährigen Schlaf
bereitet sich
ein neuer Tagesanbruch
vor

so sterben
wie ein leuchtender Herbstbaum
alles verschenken und frei
die Passwanderung antreten
durch Kälte und Mühsal
Orkanböen der Angst
der Seele vertrauen
bis im Zenit
der Süden sich auftut
die lichte Wärme
im Herzen allen Seins
dich umfängt
durchflutet und heilt
dir Flügel verleiht
für den Strom der Sterne

FRIEDHOFSBÄUME

mit einer Engelsgeduld
durch das Sterben hindurchwachsen
Irrtümer und Wege begleiten
bis zum Klang der vergessenen Glocke
die Gezeiten leben
und weiterreichen den Wein
mit der Geduld eines Engels

STERNTALERBÄUME

und als die Nacht am tiefsten war
und sie kein Blatt mehr am Leibe trugen
traten sie einzeln aus dem Wald
auf eine reifbedeckte Wiese

da fiel ein Sternenregen
in ihre Zweige
der ganze Himmel rückte näher
mit den kleinsten Boten des Lichts

und ihre ewigkeitsoffenen Arme
der gefiederten Treue gewiss
umfingen tröstend
auch mich

VERWURZELT

mit leichtem Stift
den Himmel zeichnen
Nistplätze für die Sterne
und tanzend
den Winterstürmen trotzen
knöcheltief im Dreck
wie mein Pflaumenbäumchen

MISCHWALD

die mit dem Ruf der Sonne
euch hell überflügeln
fußwärmen euch winters
mit ihren Fischgratteppichen

die hölzerne Linienführung
klärt ein Gegenüber

zuneigen
umarmen
austauschen

BIRKEN UND APFELBÄUME

knospendes Haar
fliegt im Wind
sein sanftes Grau
singt mit den weißen Stämmen

knorriger stehen
die nachtdunklen Brüder
sie lassen umbrausen
ihr tiefgründiges Ruhn

manchmal vielleicht
ein Traum vom Grün
heiter flüsternd
das die laubbedeckte Erde
wieder schenken wird
zu seiner Zeit

eine Gruppe von Schilfgräsern am See
im Sturm geknickt
gemeinsam ausgebleicht
reglos vorm zitternden Wasserspiegel

doch jeder Halm spielt seinen Part
in der Symphonie der Linien
sanft gebogen oder klar gewinkelt
kräftig schraffierend oder fein ausklingend
vor der Reprise

schön ist diese Augenmusik
genau richtig die Akzente und Synkopen
die Läufe und die Pausen
die Fugen und Variationen
nichts
möchte ich dieser Harmonie
hinzufügen
als den Herzblick eines Mitmenschen

da kommt der Frost
mit seinem weißen Stift
unterstreicht den Wunsch
auf seine Art
auch er macht keinen Unterschied
jedwedes Gewächs
ist so stimmig so schön

Raureif

welch ein Zauber
in den Zweigen
Glitzerspitzen
Pelzbesatz
nach Westen hin
kristallnes Winterfell

vergangen bald im Sonnenlicht
darum noch jetzt
jetzt
alles Denken weggefegt
jetzt dieses Wunder
ungeteilt empfangen

WINTERLANDSCHAFT

der geäderte Himmel
auf den Feldern
Landvermesser die Bäume
tasten über den Schnee
eine Handvoll Gehilfen
fliegt schwarz voraus
der Horizont
hockt in der Astgabel

unangefochten
vom Geschrei der Leuchtreklame und
hektischer Habgier in gleißenden Straßen
stadtauf stadtab
erscheint hinterm Wolkenschleier
die feine Silhouette des Mondes
in der wirklichen Nacht

ein Stern gesellt sich zu ihm
zum leisen Zwiegespräch
über das Menschenmärchen vom
strahlenden Schlaraffenland
rund um die Uhr

da doch die Zeit des Lichts
gar nicht anbrechen kann
im rastlos dunkelscheuen Gemüt

HINGABE

wie viele Winter hast du durchgestanden
wie viele Sommer gesungen
mit allen Fasern deines Herzens
Baumstück im Feuer

nun tanzt die Glut durch dich hin
und geduldig wie immer
lässt du es geschehen
dem Kreis zu dienen

WINTERNACHT

ich schmücke dich Baum
mit dem Mond
bei jedem Schritt legt er sich dir
in einen andern Arm
und über eine Zeit
erblüht aus deinen Knospen
ein seidenes Morgenrot

WINTERMORGEN

dieser Tag macht reinen Tisch
der Wirbelschnee hat sich gelegt
standhafte Triebe gebrauchen ihr
Mitspracherecht
in der weißen Fläche
setzen Zeichen
schlichte Zeichnungen
in der Ursprache ihres Seins

EISBLUMEN

klein und alt ein Kellerfenster
im rissigen Rahmen kaum noch Farbe
hinterm staubigen Glas verliert sich
spärliches Licht zwischen Namenlosigkeiten

doch sieh
heute ist es geschmückt
mit den Grüßen wuchernder Wälder
weiße Erinnerung an grüne Ranken
zum Fest des neuen Morgens
der allen Mündern hellen Hauch entlockt
uns flüchtig streift
mit unsichtbaren Weltgeschichten

IM REGEN

wäre da nicht die junge Birke
wer würde mit solcher Grazie
die Perlen auffädeln
zu bündeln das verhangene Licht

ließe ich meine Augen nicht frei
wo sollte die Schönheit sich spiegeln
wenn sie unerwartet erblüht

und was wenn mein Herz
verschwiege sein Lied
der Mond sich verhüllte vor den Wassern
und wir nicht teilten unsere Schätze

PFÜTZE

hängender Kopf
Himmel zu Füßen
unbeschadet lichtblau
zum Greifen nah

GELASSENHEIT

den Wasserfall am Berg
den Brunnenstrahl
durchtrenne ihn
messerscharf
mehrmals mit voller Wucht
doch unerschütterlich
gelassen
fließt er weiter

überall zu Hause
im unendlichen Kreislauf
bereitwillig stieben die Tropfen
Sternschnuppen
Blütenblätter der Kraft
die ewig
gemeinschaftlich
strömt

IM AUGENWINKEL

dass es noch Schäfer gibt
standhaft
wo der Verkehr braust und
Straßen mehr stinken als Ställe
wo Herbergssuche aussichtslos ist
Fremde frieren
am Befremden

weidende Schafe
ein Esel ein Hund
Lämmer in der Herde
Lämmer
und manchmal Kühe
warm bedächtig
zufrieden mit ihrem Gras
und ihrer Gemeinschaft

seit Jahrtausenden
einfach
noch da

AUGENBLICK AM ZUGFENSTER

sehenden Auges reisen
Schätze finden
fürs Nachtlied

auf dem fliehenden Feld
das Gefieder des Graureihers
wärmt mein Herz
das gerodet asphaltiert verchromt
täglich um Auferstehung ringt

dein aufrechter Gang
Bruder Graureiher
dein Blick
du bist da
und wir teilen
denselben Atem

schweig
sagt der Asphalt zum Erdboden
schweig und lass dich hier
nie mehr blicken
ich habe die Weltherrschaft übernommen
ich trage die Tempel der Zivilisation
ich

das Gras
ist schwerhörig auf diesem Ohr
es wächst
im kleinsten Riss
und seine großen Brüder
haben alle Zeit der Welt

MOOS

Stein und Stämme moosbesiedelt
Winzigwälder weich und feucht
Heimat heimlicher Gesellen
wachsen weben
heilsam grün

SCHLAFENDER VULKAN

ein Loch im Asphalt
kreisrund radgroß
da sprießt es grün
und atmet

und hoch über der Millionenstadt
dem gewaltigen Häusermeer
im Silbermetallic Smog
ruht
fern und schneeweiß
von Ewigkeit zu Ewigkeit
der Berg
eine Kulisse mit Sahnehäubchen

eine Nase von Gaia
doch plötzlich niest sie
hustet und spuckt und
schüttelt sich und spült die vielen
beißenden Flöhe aus dem
weltweit geschundenen Fell
dass die Stadt erschüttert
im Chaos zerbricht

erst in der Morgendämmerung
unserer neuen Kreistänze nach der
ursprünglichen Ordnung
legt sich die Erdmutter
wieder wohlig ins Gras

DIE ERDE UNTERTAN

Erde wo bist du
noch du selbst
wild grün reich
nicht vergewaltigt entstellt
verwiesen aufs Reservat

wo kannst du wieder tanzen
barfuß mit fliegenden Schleiern
die ganze Weite im Blick

Schmerz und Schönheit finde ich
wenn wir uns begegnen
heimlich wie Liebende
und ich heimkomme draußen
bei dir

ERDGEWISSHEIT

ich bin noch da
in jeder einzelnen Träne
ich bin noch da
im endlich glutroten Sturm

ich bin da
noch weit über alle Gewalt hinaus
ich bin da
noch im kleinsten grünsamtenen Moos

ich bin lebendig
in einer Handvoll Erde
denn ich bin
die ich sein werde

ANKUNFT

ich bin da
mit meinem Ton und meinem Licht
ruft das Neugeborene in die Welt

ich bin da
mit allem was du brauchst
antwortet Mutter Erde

ich bin da
aus gutem Grund
erinnert der Sturm

ich bin da
neugierig und weise
flüstert die Seele

ich bin da
in deinem Herzen
sagt die Liebe

ich bin überall
tönt vielstimmig
das Leben

ich wer ist das
ohne die Brille meiner Kultur

atmend die Luft der Bäume
genährt von vielerlei grünen Solarkünstlern
am Leben erhalten auch von
Mineralstoffen und Mikroorganismen
bin ich mit allem verbunden

der Regen fließt durch meinen Leib
meine zweite Haut wuchs auf den Feldern
mein Herz lebt auf bei den Tieren
und den Blumen

sie sind meine Lehrer
wie auch das Meer und der Wind
und immer die Erde
und immer die Bäume

wer also bin ich
wenn nicht auch die Erde
wenn nicht auch die Pflanzen
die Sonne
das Wasser
die Tiere
und all mein Fühlen und Tun
meine Antwort als Mensch
dieser eine Mensch
im Lebensnetz

ERWACHT

im Licht der Liebe
bin ich schön
bin ein Sonnengeheimnis
eine sprudelnde Quelle
befreit zu meiner Bestimmung

bin Feld und Baum
bin Tonkrug
bin dein Du

und nehme endlich
aufrecht
mein Geburtsrecht in Besitz
unendlich kostbar
ganz Frau
Teil der Erde
der leidenschaftlichen
leidenden Erde auch sie
blüht auf
im Licht unserer Liebe

ICH BIN

ich bin
träumt die Wiese unterm Schnee
ich bin
raunt die wunde Erde des Ackers
ich bin
weiß das trübe Wasser im Fluss
ich bin
rauscht der Baum am Steilhang
ich bin
strahlt die Sonne über allen Wolken
allen Städten und Kriegsschauplätzen
in jeder Blüte jedem Kind
ich bin

und bin bereit
mit euch zusammen

GOTT DU BIST

Gott du bist Baum
Herzblut im Stamm
aus dunkelschwerer Tiefe
bald verzweigt
weit in den Raum
ins Licht
bist Farbe Blüte Frucht
inmitten der Gefahr
langmütig
brüderlich

Gott du bist Wald
dem ein Baum nie genug
unendlich reich bist du
dass keine Form allein
dich birgt
noch klingen kann
zu zweit zu dritt
zu vielen erst
pulsiert dein Herz
und schwingt und webt

Gott du bist Welt
bist alles was
sich tausendfach entfaltet
wächst
berührt und fühlt
verschenkt
und scheinbar stirbt
stets neu gebärend
Feuerwerk
aus Miteinandersein

Gott du bist Wir
bist Lebensnetz
Zusammenspiel
der ganzen Erde Seelenkraft
du atmest hier
in diesem Leib
zu jenem hin
du schläfst im Stein
du wächst im Gras
du schreist in eines Nutztiers Not
du lässt dich ernten
uns zu nähren
und wirst nicht müde je
neu zu beginnen

Gott du bist Kind
du willst dich deines Lebens freun
in jedem Wesen
jedem Tanz
und wir bestimmen
wie du lebst und blühst
in unserm Sein
und ob wir dich
in unserm Gegenüber
auch erspüren
achten
oder kreuzigen
verirrt auf unserm Weg
in Angst und Ungeduld

Gott du bist Raum
Wohnspielraum Brückenschwung
du bist der tiefste Grund
und aller Himmel Blau

bist Urquell Meer und Sinn
auch noch im kleinsten Kern
du bist
und stellst uns frei
in deiner Schöpfung dich und uns
zu finden
und mitzuwirken selbst
nicht unbescheidener
als es die Bienen tun
im Blütenbaum

VISION

du schreibst dein Wort in mich hinein
als klares kurzes Licht
das winkt und schwankt
und schmerzt mich oft in dieser Zeit
und sucht doch mein Vertrauen

du zuerst
hast es mir anvertraut
in meinen Mischfarbmutterschoß
da reift es und ich trag es aus
dein Kind und meins

es will mit seiner ganzen Kraft
~~will es~~ hier bald geboren sein
zu helfen uns trotz aller Irrgewalt
dass dein Reich
blüht

Rondo

ich gebe Raum
dem Licht
das alle Nächte übersteht
ich gebe Raum dem Licht
in mir
und dir

ich gebe Raum
dem Klang
der nur dies eine Mal ertönt
ich gebe Raum dem Klang
in mir
und dir

ich gebe Raum
dem Kind
das leidenschaftlich spielt und tanzt
ich gebe Raum dem Kind
in mir
und dir

ich gebe Raum
der Kraft
die Brücken baut nach Zorn und Schmerz
ich gebe Raum der Kraft
in mir
und dir

ich gebe Raum
dem Dank
der staunendes Vertrauen weckt
ich gebe Raum dem Dank
in mir
und dir

ich gebe Raum
dem Grün
das wächst und ~~welkt~~ *blüht* und ~~strömt~~ *reift* und ~~ruht~~ *heilt*
ich gebe Raum dem Grün
in mir
und dir

RAST

ausruhen im Grün
alle Worte ins Gras
der Erde anheim

grün nur grün
Baum nur Baum
sichere Kraft ringsum

das Haupt im Moos
den Blick im Laub
seit Vorzeiten Hänge im grünscheckigen Fell

atmen
einfach
inmitten

Lilien auf dem Feld
Vögel unter dem Himmel
Bäume überall

auferstanden aus Nachtschmerz
die Lotosblüten im See

FREIHEIT MIT LACHFÄLTCHEN

die Sonne strahlt
das Lüftchen küsst
der Wind spielt wo er weht

Welpen spielen
Katzen schnurren
ein Star spricht Dialekt
die Amsel jongliert mit Tönen

Tanzböden findet das Licht überall
es gurgelt und murgelt der Bach
stößt sich lachend am Stein
lässt Sternchen übers Wasser hüpfen

ein Mückenschwarm tanzt auf und ab
das Schiffrohr singt und wispert   *Schilfrohr*
Wolken wühlen in Theaterkisten
sorglos wirbeln Flocken

die Schöpfung
spielt und schmunzelt auch
wie springende Delfine

Inhalt

„Uta": japanische Gedichtform mit vorgeschriebener Silbenzahl; „Hokku": Kurzform des Uta, bei uns meist „Haiku" genannt, obwohl diese Bezeichnung im Japanischen nur scherzhaften Dreizeilern zukommt.

Gedichtanfänge

Adelheid Ursa Mildenberger, geb. 1948, aufgewachsen in einem Dorf der Schwäbischen Alb in Baden-Württemberg. Nach dem Abitur Studium der Pädagogik in Reutlingen; seither als Lehrerin in Grund- und Hauptschulen tätig. Mutter eines Sohnes. Reisen in verschiedene Länder; persönliche Begegnungen mit indianischer Weltsicht und Lebensweise. Mehrere Einzelausstellungen von analogen Naturfotografien. In jüngster Zeit Ausbildungen in Logotherapie und Wildnispädagogik.
Fotogalerie: www.baum-und-licht.npage.de

„Adelheid Ursa Mildenberger schreibt Gedichte voll leisen Wohllauts mitten im Lärm der Zeit. In ruhigem Ton, mit empfindsamen Bildern erinnert sie an die wesentlichen Dinge des Daseins und wirkt so der täglichen Abstumpfung unserer Sinne, Gefühle entgegen. In dieser poetischen Welt hat Wahrnehmung noch immer etwas mit dem Wahren, der Wahrheit, zu tun. Und so laden Adelheid Ursa Mildenbergers Gedichte Zeile für Zeile zum Mitschwingen, Mitfühlen, Miterleben ein, damit wir im Wirklichen vielleicht hie und da wieder das Wahre wahrnehmen können, dem rasanten Wechsel der Eindrücke, Erlebnisse, Bilder zum Trotz."

Kurt Marti